RÈGLEMENT

DU 18 MAI 1896

POUR L'APPLICATION DU DÉCRET DU 20 MARS 1890

PORTANT

ORGANISATION

DE

L'ÉCOLE D'ADMINISTRATION MILITAIRE

SUIVI DU

PROGRAMME DES CONNAISSANCES EXIGÉES

(Extrait du *Journal militaire*, 1er sem. 1896, n° 17.)

PARIS

LIBRAIRIE MILITAIRE DE L. BAUDOIN

IMPRIMEUR-ÉDITEUR

30, Rue et Passage Dauphine, 30

1896

RÈGLEMENT

DU 18 MAI 1896

POUR L'APPLICATION DU DÉCRET DU 20 MARS 1890

PORTANT

ORGANISATION DE L'ÉCOLE D'ADMINISTRATION MILITAIRE

SUIVI DU

PROGRAMME DES CONNAISSANCES EXIGÉES

CHAPITRE Ier.

RÈGLES D'ADMISSION DES ÉLÈVES.

Règles générales.

Art. 1er. Les sous-officiers de l'armée active qui se destinent à prendre part au concours d'admission à l'Ecole d'administration militaire doivent, indépendamment des conditions fixées par l'article 3 du décret du 20 mars 1890, être l'objet d'une proposition du chef de corps ou de service auquel ils appartiennent.

États de proposition.

Art. 2. Il est établi un état de proposition pour chaque candidat. Cet état contient les notes du chef de corps, de service ou de bureau, et celles du sous-intendant militaire chargé de la surveillance administrative du corps. Les chefs de corps et de service ne proposent que les candidats possédant, notamment en orthographe et en calcul, l'instruction générale suffisante pour concourir avec quelque chance de succès. Les sous-intendants militaires appelés à noter les candidats constatent, par un examen sommaire, l'étendue de leur instruction sur ces deux parties essentielles.

Le directeur du service de l'intendance et le gouverneur militaire ou le général commandant le corps d'armée émettent leur avis sur la suite à donner à la proposition. Le Ministre statue.

Chaque état est accompagné :

1º D'une demande du candidat;

2° D'une copie certifiée de son acte de naissance sur papier libre ;

3° Du relevé de ses services;

4° Du relevé des punitions qui lui auraient été infligées depuis son entrée au service;

5° D'un certificat médical délivré par le corps et constatant qu'il possède l'aptitude physique pour l'admission à l'Ecole (instruction du 13 mars 1894 et circulaire du 26 septembre 1895);

6° D'une copie des titres universitaires, brevets, etc.

Ces pièces sont certifiées par le chef de corps ou de service.

Notes des candidats.

Art. 3. Les notes portent sur la conduite, la capacité, les connaissances administratives et l'aptitude en général des candidats.

Date de production des dossiers.

Art. 4. Les dossiers de proposition doivent parvenir au Ministre le 1er mai de chaque année au plus tard.

Condition de réunion des candidats pour les examens.

Art. 5. Dans les premiers jours du mois de juin de chaque année, les candidats que le Ministre a autorisés à prendre part au concours sont réunis au chef-lieu de leur corps d'armée à l'intérieur, au chef-lieu de leur division en Algérie et en Tunisie, pour subir les épreuves écrites. Les séances sont présidées par un sous-intendant militaire, assisté d'un officier d'administration. Dans le gouvernement militaire de Paris, la réunion a lieu à l'Ecole d'administration militaire, à Vincennes. Une commission centrale d'examen, réunie à Vincennes, établit la liste de classement des candidats par ordre de mérite, et le Ministre détermine, d'après cette liste, le nombre des admissibles.

Convocation des candidats pour les épreuves orales.

Art. 6. Les admissibles sont convoqués à Vincennes pour y subir les épreuves orales à la suite desquelles la liste définitive de classement est arrêtée.

Le Ministre fixe, suivant les besoins du service, le nombre d'élèves à admettre à l'Ecole.

CHAPITRE II.

ÉPREUVES.

Envoi des sujets de compositions.

Art. 7. Les sujets de compositions tirés du programme ci-annexé sont envoyés sous plis cachetés aux directeurs du service de l'intendance des corps d'armée et des divisions de l'Algérie et de la Tunisie, par le président de la commission d'examen prévue à l'article 4 du décret. Cet envoi comprend également les instructions relatives aux examens.

Nature des épreuves écrites et orales.

Art. 8. Les épreuves écrites comprennent :

1° Une dictée ;

2° Une narration française (durée 3 heures) ;

3° Une composition d'arithmétique et de géométrie (durée 2 heures 1/2).

Les examens oraux comprennent des questions d'histoire, de géographie générale et commerciale, d'arithmétique, de géométrie et d'administration militaire.

Échelle des coefficients.

Art. 9. Le mérite des candidats, dans chacune des épreuves écrites ou orales, est exprimé par un nombre entier pris dans l'échelle de 0 à 20 ainsi déterminée :

Parfaitement	20	19	»
Très bien	18	17	16
Bien	15	14	»
Assez bien	13	12	11
Passable	10	9	8
Faible	7	6	5
Mal	4	3	2
Très mal	1	»	»
Nul	0	»	»

Le nombre des points s'obtient en multipliant les cotes données par les coefficients fixés ci-après :

NATURE DES ÉPREUVES	COMPOSITIONS écrites.	EXAMENS oraux.	TOTAUX.
Dictée	8	»	8
Narration française	12	»	12
Histoire	»	14	14
Géométrie	15	6	27
Arithmétique		6	
Géographie	»	12	12
Administration générale	»	7	7
TOTAUX	35	45	80
Services antérieurs et conduite générale			20
TOTAL GÉNÉRAL			100

La cote d'appréciation relative aux services antérieurs et à la conduite générale est également prise dans l'échelle de 0 à 20 ; elle est donnée seulement au cours des épreuves orales.

Titres universitaires.

Art. 10. Les candidats pourvus de l'un des diplômes, brevets ou certificats ci-après bénéficient du nombre de points correspondant :

Brevet de capacité élémentaire..	} 30
Certificat de grammaire..	}
Brevet supérieur..	60
Baccalauréat ès lettres (1re partie).....................................	80
Baccalauréat ès sciences...	} 120
Baccalauréat de l'enseignement secondaire spécial........................	}
Baccalauréat ès lettres complet..	
Baccalauréat ès sciences ou spécial, accompagné de la 1re partie des lettres	} 160
Baccalauréat ès lettres complet, accompagné du baccalauréat ès sciences.	200

Agriculture.

Certificat d'instruction des écoles pratiques..........................	60
Diplôme supérieur des écoles nationales................................	120

Arts et Métiers.

Diplôme supérieur des écoles nationales................................	120

Commerce.

Diplôme	{ de l'École des hautes études commerciales...............	} 120
supérieur	{ des écoles supérieures de commerce.......................	}

Tout candidat, convaincu de fraude pendant les examens d'admission, est exclu non seulement du concours commencé, mais encore, en principe, de ceux des années suivantes. Il ne peut plus être proposé, pour subir les examens d'admission, qu'après avoir prouvé, pendant un temps suffisant, par une conduite irréprochable, qu'il a réellement compris la gravité de sa faute et s'est pénétré des devoirs qui incombent à un officier.

Procès-verbal des séances d'examen.

Art. 11. Les résultats définitifs des examens écrits ou oraux sont consignés dans les procès-verbaux établis par la commission centrale d'examen, visée à l'article 5 du présent règlement.

CHAPITRE III.

INCORPORATION DES ÉLÈVES A L'ÉCOLE.

Dénomination des élèves et leur répartition dans les divers services.

Art. 12. Les candidats dont l'admission est prononcée par le Ministre sont rayés des contrôles de leurs corps et inscrits sur ceux de l'Ecole; ils prennent la dénomination d'élèves stagiaires d'administration.

Toutes les pièces concernant les sous-officiers admis à l'Ecole d'administration militaire sont adressées au directeur de l'école, aussitôt après le départ de ces militaires, par les conseils d'administration ou par les commandants de compagnie ou de section formant corps.

Les élèves ne forment au début de la session qu'une seule catégorie. Dans les derniers jours de décembre, ils subissent des examens dits « examens de passage », à l'issue desquels une liste de classement est établie. Ils passent alors dans l'une des quatre catégories correspondant aux divers services pour lesquels recrute l'Ecole (bureaux de l'intendance militaire, subsistances militaires, habillement et campement, hôpitaux militaires), d'après la répartition numérique arrêtée par le Ministre de la guerre. Le numéro de classement de chaque élève détermine le droit de priorité dans le choix du service.

CHAPITRE IV.

UNIFORME.

Officiers.

Art. 13. Les officiers conservent l'uniforme de leur service respectif.

Élèves.

Art. 14. L'uniforme des élèves stagiaires comprend :
La tenue d'extérieur;
La tenue d'intérieur et d'exercices.

La tenue d'extérieur se compose d'un dolman, d'un pantalon en drap et d'un képi. Pendant la saison froide, elle comprend une capote qui sert pour la grande tenue et pour la tenue du jour.

La grande tenue et la tenue du jour ne diffèrent entre elles que par les ornements du képi.

Pour la tenue d'intérieur et d'exercices, les élèves sont pourvus d'un képi de sous-officier sans écusson, d'une vareuse du modèle spécial à l'Ecole et d'un pantalon de sous-officier.

Distribution des effets.

Art. 15. Le tableau ci-annexé indique les effets que doivent apporter de leurs corps d'origine les sous-officiers nommés élèves stagiaires d'administration, ceux qui leur sont distribués à l'Ecole et ceux qu'ils emportent à leur sortie.

Les effets composant la tenue d'extérieur en drap fin et la vareuse en drap de sous-officiers sont confectionnés par les soins de l'Ecole et délivrés directement aux élèves à leur arrivée à l'établissement.

Les effets de 1re tenue (dolman ou tunique) avec insignes de grade dont sont revêtus les élèves dirigés sur l'Ecole, sont renvoyés aux corps d'origine aussitôt que les élèves ont reçu les effets à l'uniforme de l'Ecole.

Élèves stagiaires provenant des adjudants.

Art. 16. Les élèves stagiaires provenant des adjudants sont traités comme les autres sous-officiers et reçoivent gratuitement, au compte de la masse d'habilllement et d'entretien et à la diligence de leur corps, les effets composant la tenue d'intérieur et d'exercices, moins la vareuse.

L'Ecole leur distribue les mêmes effets qu'aux autres sous-officiers.

Remboursement de la valeur des effets apportés à l'École par les élèves stagiaires.

Art. 17. Les corps qui appliquent le système de la masse d'habillement et d'entretien sont remboursés de la valeur des effets apportés par les élèves, par la prime fixe déterminée par le tarif n° 2 annexé au décret du 10 octobre 1892 sur le service de l'habillement dans les écoles militaires, modifié par les décrets des 23 mars 1894 et 16 décembre 1895.

Lorsque l'élève stagiaire provient d'un corps où ne fonctionne pas la masse d'habillement et d'entretien, les effets qu'il emporte et qui ont été payés par la masse individuelle restent sa propriété.

Remplacement d'effets pendant la durée des cours.

Art. 18. Les remplacements d'effets, devenus nécessaires pendant le séjour à l'Ecole, sont effectués au compte de la masse d'habillement et d'entretien de l'Ecole.

Élèves stagiaires autorisés à passer à l'École une année supplémentaire.

Art. 19. Dans le cas où des élèves stagiaires sont autorisés à passer à l'Ecole une année supplémentaire, le conseil d'administration détermine les effets à remplacer.

Effets à réintégrer ou à emporter au départ de l'École.

Art. 20. Le tableau ci-annexé indique les effets que les élèves stagiaires laissent à l'Ecole, au moment de leur départ, et ceux qu'il emportent. Ces effets varient suivant que les élèves ont subi avec succès les examens de sortie ou qu'ils n'y ont pas satisfait.

Les élèves qui n'ont pas satisfait aux examens de sortie et qui sont renvoyés dans leur corps d'origine, reçoivent à la diligence de l'Ecole une tunique pourvue de galons de grade. Cet effet est renvoyé à l'Ecole par les soins du corps dans lequel l'élève est versé.

Les adjudants qui se trouvent dans cette catégorie versent, à leur retour au corps, les divers effets qu'ils ont reçus au départ.

Hommes du cadre.

Art. 21. L'uniforme des hommes du cadre est celui des sections de commis et ouvriers d'administration, sauf les modifications ci-après :

Le numéro de la section est remplacé, sur le képi, sur le dolman et sur la capote-manteau des adjudants, par une étoile brodée en argent ;

Sur le képi de 2ᵉ tenue, sur le collet de la capote, de la tunique et de la veste des sous-officiers, caporaux et soldats, le numéro est remplacé par une étoile en drap garance ;

Le bouton est celui des sections de commis et ouvriers militaires d'administration.

Ces divers effets sont distribués par les soins de l'Ecole, sauf ceux des adjudants surveillants.

CHAPITRE V.

ARMEMENT ET GRAND ÉQUIPEMENT.

Élèves stagiaires.

Art. 22. La composition de l'armement et du grand équipement des élèves stagiaires est déterminée dans le tableau ci-annexé.

Cadre.

Art. 23. Les sous-officiers et les hommes du cadre reçoivent, par les soins de l'Ecole, le même armement et le même grand équipement que les hommes des sections de commis et ouvriers militaires d'administration.

CHAPITRE VI.

PERSONNEL.

Désignation et composition du personnel.

Enseignement et administration.

Art. 24. La composition du personnel de l'Ecole, en ce qui concerne la direction, l'instruction et l'administration, est déterminée par le décret du 20 mars 1890 (titre II) et les tableaux qui y sont annexés.

Surveillants.

Art. 25. Les adjudants surveillants sont choisis indifféremment parmi les sous-officiers des corps de troupe d'infanterie, les adjudants et les sergents-majors des sections de troupes d'administration. L'un d'eux doit avoir suivi les cours de l'Ecole normale de gymnastique et être apte à donner des leçons de gymnastique ; il peut provenir du cadre de cette école.

Le passage de ces sous-officiers à l'Ecole d'administration est prononcé par le Ministre de la guerre, d'après les propositions faites dans la forme prévue par les instructions sur le service courant.

Cadre.

Art. 26. Chaque année, il est prélevé sur le contingent quinze hommes des professions indiquées au tableau B, annexé au décret du 20 mars 1890, destinés à combler les vacances qui pourraient se produire dans le cadre secondaire de l'école.

Ces hommes sont incorporés à la 24ᵉ section de commis et ouvriers militaires d'administration ; ils sont ensuite, sur l'ordre du Ministre, versés dans le personnel secondaire de l'Ecole, au fur et à mesure des besoins.

L'un des deux sergents du cadre secondaire de l'école doit être un ancien moniteur d'escrime ; il provient d'un corps de troupe d'infanterie ou de l'Ecole normale de gymnastique et d'escrime ; son passage à l'Ecole d'administration est prononcé par le Ministre de la guerre comme celui des adjudants surveillants.

CHAPITRE VII.

ATTRIBUTIONS DU PERSONNEL.

Directeur.

Art. 27. L'autorité du directeur de l'Ecole s'étend à toutes les parties du service, police, discipline, enseignement et administration. Il a sous ses ordres tout le personnel employé à l'Ecole.

De lui émanent tous les ordres généraux et particuliers ainsi que toutes les dispositions que peuvent nécessiter les circonstances non prévues par le règlement.

Sous-directeur.

Art. 28. Le sous-directeur exerce, sous l'autorité du directeur, la surveillance sur toutes les parties du service concernant l'enseignement, l'ordre, la police, la discipline, la tenue et l'instruction militaire des élèves.

En cas d'absence du directeur de l'Ecole, il le remplace dans toutes ses fonctions et délègue, s'il y a lieu, celles qui lui étaient dévolues au professeur le plus ancien dans le grade le plus élevé.

Il est membre rapporteur du conseil d'administration. Il y remplit, sous l'autorité du président, les fonctions de major pour la surveillance et le contrôle de toutes les parties de l'administration et de la comptabilité.

Il tient un registre d'ordres pour le service général de l'établissement; il est spécialement chargé de la surveillance des exercices ; il remplit les fonctions de commandant de compagnie à l'égard des hommes de troupe du cadre attachés à l'Ecole et des élèves stagiaires.

Le sous-directeur peut être appelé à professer un cours, conformément à l'article 7 du décret du 20 mars 1890.

Trésorier comptable.

Art. 29. Le trésorier comptable est à la fois trésorier, archiviste, secrétaire du conseil et comptable du matériel.

Il tient le registre des délibérations.

Ses attributions et sa responsabilité sont déterminées, en tant que comptable, par les règlements spéciaux qui régissent les écoles militaires.

Il est chargé, sous l'autorité du sous-directeur, des exercices militaires.

Dans les diverses parties de ses attributions, le trésorier est suppléé, en cas de besoin, par l'un des professeurs, sur l'ordre du directeur.

Professeurs.

Art. 30. Les professeurs sont chargés de toutes les parties de l'enseignement déterminé par le programme.

Ils professent les leçons, procèdent aux interrogations, corrigent les compositions, dirigent et surveillent tous les travaux des élèves.

Il est établi un service de semaine parmi les professeurs, qui concourent ainsi à l'exécution du service intérieur de l'Ecole.

*

Service intérieur.

Art. 31. Le service intérieur de l'Ecole s'exécute sous l'autorité du sous-directeur, secondé par le personnel attaché à l'Ecole. Une instruction spéciale et le tableau de l'emploi du temps arrêté par le directeur en règlent les détails généraux.

Bibliothèque.

Art. 32. Les fonctions de bibliothécaire sont dévolues à un professeur désigné par le directeur.

Vaguemestre.

Art. 33. Les fonctions de vaguemestre sont remplies par l'un des adjudants surveillants.

CHAPITRE VIII.

MESS.

Direction et administration du mess.

Art. 34. Les élèves et les hommes du cadre vivent en mess.

Le mess est dirigé par une commission composée :
Du sous-directeur de l'Ecole, président ;
D'un professeur renouvelé tous les trois mois ;
Du trésorier chargé de la surveillance du mess ;
D'un adjudant surveillant chargé des détails du mess ;
De deux élèves restant dix jours en fonctions, mais qui sont relevés alternativement tous les 5 jours, membres.

Entre chaque session et en cas d'impossibilité de former un ordinaire spécial, le personnel sscondaire peut être admis à la pension ou à l'ordinaire de l'une des sections d'administration de la place.

CHAPITRE IX.

SERVICE MÉDICAL.

Médecin militaire.

Art. 35. Un médecin militaire de la garnison assure le service médical de l'Ecole, conformément aux ordres du commandant d'armes.

CHAPITRE X.

ENSEIGNEMENT.

Enseignement général.

Art. 36. L'enseignement général comprend :

1º Le français ;

2º Des éléments de sciences appliquées et de topographie.

Enseignement administratif.

Art. 37. L'enseignement administratif embrasse :

1º Les principes de législation, d'administration et de comptabilité militaires ;

2º Les principes élémentaires de droit administratif ;

3º La comptabilité commerciale.

Cet enseignement est à la fois théorique et pratique.

Il est fait, dans les principaux établissements civils et militaires, des visites dont l'objet se rapporte à l'enseignement de l'Ecole.

Enseignement militaire.

Art. 38. L'enseignement militaire comprend la première partie de l'école du soldat, les chapitres I et II de la première partie de l'école de compagnie et des extraits des règlements sur le service intérieur, le service dans les places de guerre et le service en campagne.

Nature des exercices physiques.

Art. 39. Les exercices physiques comprennent :

L'équitation ;
L'escrime ;
La gymnastique ;
La natation ;
La vélocipédie.

Règles spéciales aux exercices physiques.

Art. 40. L'escrime, la gymnastique et la vélocipédie sont enseignées aux élèves par le personnel de l'Ecole.

Le directeur de l'Ecole se concerte avec le commandant de l'Ecole normale de gymnastique pour fixer les jours et heures auxquels les leçons de natation doivent être prises.

En ce qui concerne l'équitation, le directeur prend les ordres du gouverneur militaire de Paris, qui désigne le corps chargé de donner ces leçons.

Interrogations et compositions.

Art. 41. Les élèves subissent, sur les diverses matières du programme, des interrogations ordinaires qui suivent chaque leçon et qui servent à la développer, ainsi que des épreuves cotées — orales et écrites — dont le directeur détermine la nature et le nombre.

CHAPITRE XI.

DURÉE DES COURS.

Ouverture des cours.

Art. 42. La date de l'ouverture des cours étant fixée chaque année par le Ministre, les sous-officiers admis à l'Ecole d'administration doivent être rendus à Vincennes à cette date.

Fermeture des cours.

Art. 43. L'enseignement doit être terminé avant le 1er juillet, ce mois étant consacré à la revision des cours, aux examens de sortie et aux épreuves orales pour l'entrée de la session suivante.

Les examens doivent être achevés de façon que les élèves puissent quitter l'Ecole dans les conditions stipulées à l'article 11 du décret du 20 mars 1890.

CHAPITRE XII.

RÉGIME. — POLICE. — DISCIPLINE. — ORGANISATION INTÉRIEURE.

Police générale.

Art. 44. Toutes les questions relatives à la police générale sont réglées par le directeur, en conformité des divers règlements et des ordres généraux.

Permissions.

Art. 45. Les permissions d'exemption d'une partie du service et les permissions de la journée sont accordées aux officiers par le directeur de l'Ecole.

Les permissions de plus de quatre jours ne peuvent être accordées, en dehors des vacances, que pour des motifs graves.

Le sous-directeur accorde au personnel secondaire les permissions d'absence dans le courant de la journée. Les autres permissions pour ce personnel, renfermées d'ailleurs dans les limites ci-dessus indiquées pour les officiers, sont demandées au rapport.

Organisation en unité administrative.

Art. 46. Les élèves stagiaires forment, avec les hommes de troupe du cadre de l'Ecole, une compagnie dont le commandement et l'administration sont exercés par le sous-directeur, secondé, pour tout ce qui est relatif à l'administration et à la comptabilité ainsi qu'à la nourriture, par le trésorier comptable. Les attributions de chef de section sont exercées par les adjudants surveillants, et celles de chef de demi-section par des élèves choisis parmi ceux que le directeur juge les plus aptes à remplir ces fonctions.

Punitions.

Art. 47. Le droit de punir s'exerce conformément au règlement sur le service intérieur des corps de troupe d'infanterie, le directeur ayant le droit d'un chef de corps.

Toutefois, les élèves stagiaires ne peuvent que demander, par la voie hiérarchique, des punitions pour les caporaux et soldats du cadre qui leur manquent de respect dans l'intérieur de l'Ecole.

Bains.

Art. 48. Les élèves et les hommes du cadre prennent, une fois par mois, un bain chaud à l'hôpital militaire de Vincennes.

Le directeur se concerte, à cet effet, avec le médecin chef de cet établissement.

Sorties. — Permissions.

Art. 49. Les élèves peuvent sortir aux jours et heures prévus par le tableau de l'emploi du temps, lorsqu'il ne sont pas punis.

La rentrée du soir est fixée à 10 heures.

Des permissions au delà de 10 heures peuvent être accordées, chaque samedi soir, aux élèves qui n'ont pas été punis et qui ont obtenu une moyenne de cotes déterminée par le directeur. Toutefois, des permissions semblables peuvent être accordées, mais une fois par mois seulement, aux élèves qui, bien que n'ayant pas obtenu la moyenne de cotes, n'auraient pas été punis.

Pendant la durée de la session et sauf dans certaines circonstances exceptionnelles dont le Ministre reste juge, il ne peut être accordé aux élèves stagiaires que les autorisations d'absence ci-après : quatre jours à l'époque du 1er janvier, six jours à Pâques et deux jours à la Pentecôte.

Les élèves stagiaires, qui ont satisfait aux examens de sortie, peuvent bénéficier d'une permission de trente jours, avant de rejoindre le service auquel ils sont affectés.

Locaux.

Logement.

Art. 50. Le directeur, le sous-directeur et le trésorier sont tenus de loger à l'Ecole.

Dortoirs.

Art. 51. Les élèves sont répartis dans des chambres dont l'aménagement est en rapport avec leur situation spéciale et permet l'exercice de la surveillance.

Réfectoires.

Art. 52. Des locaux spéciaux sont disposés pour l'installation du mess.

Locaux disciplinaires.

Art. 53. Les punitions sont subies dans un local spécial, et, à défaut, dans les locaux disciplinaires d'un corps de la garnison.

Conseil de discipline.

Par qui convoqué.

Art. 54. Lorsqu'il y a lieu de réunir le conseil de discipline, dont la composition est déterminée par l'article 13 du décret du 20 mars 1890, lee membres de ce conseil sont convoqués par le directeur.

Mode de fonctionnement.

Art. 55. Un relevé des punitions de l'élève sur le compte duquel le conseil de discipline doit statuer est joint à la plainte.

Les faits qui motivent la réunion du conseil sont toujours consignés dans un rapport écrit dont le secrétaire donne lecture.

L'élève reçoit, par l'organe du président et en présence du conseil, communication de toutes les charges qui s'élèvent contre lui.

Les questions que l'élève croirait devoir adresser aux témoins dans l'intérêt de sa justification ne peuvent être faites que par l'organe du président.

L'élève est entendu dans sa défense; si la manière dont il la présente tend à aggraver ses torts, le président l'en avertit; si l'élève persiste, le président lui retire la parole. Il est toujours fait mention de cet incident au procès-verbal.

La majorité des voix forme l'opinion du conseil; elles sont recueillies par le président, en commençant toujours par le grade inférieur et par le moins ancien dans chaque grade.

Procès-verbal.

Art. 56. Les procès-verbaux des séances, les propositions et les avis motivés du conseil sont transcrits sur un registre à ce destiné et signés par tous les membres qui ont pris part à la délibération. Le président en transmet une copie, signée par lui et par le secrétaire, au Ministre de la guerre.

Exclusion. — Rétrogradation. — Cassation.

Art. 57. L'exclusion a lieu sans préjudice de l'application des peines aggravantes, telles que rétrogradation ou cassation, que le Ministre peut prononcer sur l'avis d'un conseil d'enquête, dans les conditions du décret du 25 janvier 1896.

CHAPITRE XIII.

ADMINISTRATION.

Conseil d'administration.

Art. 58. Le conseil d'administration, composé conformément à l'article 14 du décret constitutif, modifié par le décret du 26 juillet 1893 sur l'administration des écoles militaires, administre l'établissement d'après les principes posés par les règlements spéciaux en vigueur, et notamment du 14 janvier 1889.

Fournitures de bureau, ouvrages, etc.

Art. 59. L'Ecole met gratuitement à la disposition des élèves les fournitures de bureau, les cours autographiés, les formules imprimées, les règlements administratifs et les ouvrages nécessaires à leur instruction.

Ces règlements et ouvrages sont retirés aux élèves en fin de session.

CHAPITRE XIV.

EXAMENS DE PASSAGE ET EXAMENS DE SORTIE. — CLASSEMENT.

Examens de passage.

Art. 60. Les examens de passage prévus à l'article 12 du présent règlement comprennent des examens oraux et des épreuves écrites. Les examens oraux sont subis devant le directeur de l'Ecole, assisté du sous-directeur et des professeurs dont le concours est jugé nécessaire.

Classement de passage.

Art. 61. Les notes obtenues dans les interrogations et compositions ordinaires et dans les examens de passage constituent les seuls éléments du classement établi à l'issue de ces examens, les notes accordées aux examens ayant, tant dans les interrogations que dans les compositions, une valeur double de celle attribuée aux compositions et interrogations ordinaires.

Décompte des points pour le classement de passage.

Art. 62. Les notes accordées aux examens de passage étant doublées, conformément au principe ci-dessus, on fait l'évaluation de la moyenne obtenue dans chaque matière. Le nombre total des points de chaque élève s'obtient en multipliant les moyennes ainsi calculées par les coefficients indiqués ci-après :

	COEFFICIENTS.	
	Epreuves écrites.	Epreuves orales.
Composition française et orthographe	8	»
Administration générale	6	4
Subsistances	4	2
Habillement et campement	2	1
Hôpitaux	2	1
	22	8
	30	

Examens de fin d'année.

Art. 63. En fin d'études, la commission spéciale dont la composition est déterminée à l'article 4 du décret du 20 mars 1890 fait subir aux élèves des examens consistant en épreuves écrites et orales.

Les épreuves écrites comprennent :

1º Une composition française ;
2º Une composition de législation militaire ;
3º L'établissement d'une comptabilité ;
4º Une composition sur la branche de service à laquelle appartient l'élève.

L'examen oral comporte une ou plusieurs questions sur chacune des branches de l'enseignement.

La commission peut se diviser en sous-commissions chargées de procéder aux examens sur une partie des matières. Tous les élèves doivent passer devant chaque sous-commission.

Sujets de compositions.

Art. 64. Les sujets de compositions écrites et les questionnaires pour l'examen oral sont arrêtés par le directeur.

Art. 65. Le sort décide de l'ordre dans lequel les élèves doivent être appelés à subir leurs épreuves orales.

Les élèves tirent également au sort la question qu'ils doivent traiter dans ces épreuves.

Fraudes.

Art. 66. Toute fraude dans les compositions et interrogations ordinaires, dans les examens de passage ou dans les épreuves de fin d'année, entraîne une punition, et, en outre, la cote zéro pour l'épreuve.

Classement général des élèves.

Art. 67. Le classement général des élèves a pour bases :

1º Une note d'appréciation générale sur l'éducation, la conduite, le travail, les qualités physiques, morales et intellectuelles. Cette note, discutée par une commission composée du sous-directeur et des officiers d'administration de l'Ecole, est définitivement arrêtée par le président du jury d'examen, sur la proposition du directeur ;

2º Le nombre de points obtenus au classement de passage ;

3º L'ensemble des notes obtenues pendant la deuxième partie de la session, tant dans les interrogations que dans les travaux écrits et dans les examens de fin d'année, la note définitive en chaque matière s'obtenant en faisant la moyenne entre la note de l'examen final et la moyenne des notes qu'a eues l'élève depuis le 1er janvier.

Manière de décompter les points pour le classement général de fin d'année.

Art. 68. Pour le classement général de fin d'année, les points sont décomptés de la manière suivante :

1º Le nombre de points résultant de la note d'appréciation générale s'obtient en multipliant cette note par le coefficient 5 ;

2º Le nombre de points du classement de passage est la reproduction du nombre porté à la liste de classement dressée à l'issue des examens de passage ;

3º Le nombre de points pour la deuxième partie de la session résulte de la multiplication des coefficients fixés pour chaque matière par les cotes définitives calculées comme il a été dit à l'article précédent. Les coefficients attribués à chaque matière sont les suivants :

MATIÈRES DE L'ENSEIGNEMENT.	BUREAUX.		SUB-SISTANCES.		HABILLE-MENT.		HÔPITAUX.	
	Epreuves écrites.	Epreuves orales.	Epreuves écrites.	Epreuves orales.	Epreuves écrites.	Epreuves orales.	Epreuves écrites.	Epreuves orales.
Composition française............	7	»	7	»	7	»	7	»
Législation	3	2	3	2	3	2	3	2
Sciences appliquées et topographie..	»	4	»	4	»	4	»	4
Comptabilité commerciale..........	»	2	»	2	»	2	»	2
Mobilisation....................	»	2	»	2	»	2	»	2
Escrime.........................	»	1	»	1	»	1	»	1
Gymnastique.....................								
Equitation......................	»	1	»	1	»	1	»	1
Instruction militaire............	»	1	»	1	»	1	»	1
Service intérieur des places et en campagne.......................	»	2	»	2	»	2	»	2
Travaux pratiques de comptabilité...	5	»	5	»	5	»	5	»
Composition sur le cours spécial...	10	»	10	»	10	»	10	»
Administration générale..........	»	12	»	4	»	3	»	4
Subsistances	»	4	»	12	»	2	»	3
Habillement.....................	»	3	»	2	»	14	»	1
Hôpitaux	»	1	»	2	»	1	»	12
	25	35	25	35	25	35	25	35
	60		60		60		60	
Appréciation générale...........	5		5		5		5	
TOTAL.....	65		65		65		65	

Nombre de points à obtenir pour satisfaire aux examens de sortie.

Art. 69. Pour satisfaire aux examens de sortie, l'élève doit avoir la moitié du maximum des points pouvant être obtenus.

Liste de classement.

Art. 70. La commission établit par ordre de mérite une liste de classement des élèves stagiaires. Cette liste fait ressortir, d'une façon distincte, les élèves susceptibles d'être nommés adjudants-élèves et ceux qui n'ont pas obtenu le nombre de points exigés. Le numéro de classement sur cette liste est reproduit sur les états de service des intéressés.

Art. 71. La liste de classement est immédiatement adressée au Ministre, avec une copie du procès-verbal des séances, signée par le président et par le secrétaire.

Le Ministre statue sur la proposition de la commission.

A cet envoi est joint un état nominatif, distinct pour chaque service, portant appréciation sur chacun des élèves sortants.

CHAPITRE XV.

DISPOSITIONS GÉNÉRALES.

Notes particulières des adjudants-élèves d'administration.

Art. 72. Des notes particulières et détaillées sont adressées par le directeur de l'Ecole aux commandants de corps d'armée sous les ordres desquels les adjudants-élèves d'administration sont placés à la sortie.

CHAPITRE XVI.

DISPOSITIONS FINALES.

Le présent règlement abroge et remplace celui du 3 juillet 1890.

Paris, le 18 mai 1896.

Le Ministre de la guerre,

Signé : BILLOT.

TABLEAU indiquant les effets et armes que les sous-officiers nommés élèves stagiaires à l'Ecole d'administration :
1° emportent de leur corps ; 2° reçoivent de l'Ecole ; 3° emportent de l'Ecole ; 4° laissent à l'Ecole.

DÉSIGNATION DES EFFETS ET ARMES.	INDICATION DU MODÈLE ET DU CLASSEMENT.	ENTRÉE A L'ÉCOLE.		SORTIE DE L'ÉCOLE.			
				ÉLÈVES ayant satisfait aux examens de sortie.		ÉLÈVES n'ayant pas satisfait aux examens de sortie.	
		Effets emportés des corps.	Effets délivrés par l'Ecole.	Effets emportés par les élèves.	Effets laissés à l'Ecole.	Effets (B) emportés par les élèves.	Effets laissés à l'Ecole.
ÉCOLE D'ADMINISTRATION MILITAIRE.							
1° TENUE D'EXTÉRIEUR.							
Brodequins napolitains (paire de).	Du modèle général, neuve (1)	1	»	1	»	1	»
Capote (A) (2)	Du modèle des sections de commis et ouvriers militaires d'administration	»	1	»	1	»	1
Ceinturon	Du modèle des sergents-majors d'infanterie	»	1	»	1	»	1
Dolman (A)	Du modèle de l'Ecole (3) en drap fin, neuf	»	1	1	»	»	1
Epée avec fourreau en tôle d'acier	Du modèle des sous-officiers rengagés d'infanterie.	»	1	»	1	»	1
Képi avec ornement (4)	Du modèle de l'Ecole (3) en drap fin, neuf	»	1	1	»	»	1
Pantalon	Du modèle des élèves officiers de l'Ecole militaire d'infanterie, en drap fin, neuf	»	1	1	»	»	1
Petit équipement (5)	Du modèle général au classement neuf	1	»	1 (7)	1 (7)	»	»
2° TENUE D'INTÉRIEUR ET D'EXERCICES.							
Armement	Du modèle des sections de commis et ouvriers militaires d'administration	»	1	»	1	»	1
Brodequins napolitains (paire de).	Du modèle général (1)	1	»	»	1	»	1
Cravate bleue	Du modèle général (1)	1	»	»	1	1	»
Grand équipement	Du modèle des sections de commis et ouvriers militaires d'administration	»	1	»	1	»	1
Képi	Du modèle des sections de commis et ouvriers militaires d'administration	1	»	»	1	1	»
Pantalon	Du modèle des sections de commis et ouvriers militaires d'administration	1	»	»	1	1	»
Vareuse	Du modèle de l'Ecole, en drap de sous-officier, neuve	»	1	»	1	»	1
Fausses manches avec plastron.	Du modèle général, neuves	»	1	»	1	»	1
3° EFFETS DE MANÈGE ET DE GYMNASE.							
Ceinture de gymnase	Du modèle général	»	1	»	1	»	1
Cravache	Du modèle de l'Ecole militaire d'infanterie	»	1	»	1	»	1
Eperons (6)	Du modèle de la cavalerie	»	1	»	1	»	1
Pantalon de cheval	En drap de soldat	»	1	»	1	»	1
Pantalon de toile	Du modèle général	»	1	»	1	»	1
Vestes de gymnase	Du modèle général	»	1	»	1	»	1

(1) Les élèves stagiaires d'administration sont tous mis en route avec deux paires de brodequins, dont une paire neuve et l'autre presque neuve, c'est-à-dire brisée seulement. Les souliers, les guêtres et les bottines sont retirés, avant le départ, aux sous-officiers qui en faisaient usage.

(2) Etoiles en filé d'or au collet (prix de pose par effet, 0 fr. 10), soutache (soie rouge et argent) de 0m,004 de largeur contournant tout le bord supérieur des parements (allocation de soutache par capote, 0m,82 ; prix de pose par effet, main-d'œuvre militaire, 0 fr. 10).

(3) Description du 30 janvier 1889.

(4) Les ornements de la grande tenue (étoile, cocarde et pompon), sont fournis par l'Ecole. A la fin des cours, les élèves stagiaires qui emportent le képi en drap fin reçoivent l'étoile du bandeau de la tenue du jour ; ils laissent à l'Ecole les ornements de la grande tenue.

(5) La collection déterminée par le tableau n° 31 annexé au règlement du 10 octobre 1892.

(6) Pour une paire de brodequins.

(7) Deux chemises, un caleçon, un mouchoir, une paire de bretelles, une paire de gants. Les autres effets sont réintégrés à l'Ecole.

OBSERVATIONS GÉNÉRALES.

(A) Les élèves stagiaires ne portent sur aucun de leurs effets la soutache d'ancienneté des sous-officiers rengagés.

(B) L'élève stagiaire, qui n'a pas satisfait aux examens de sortie, n'emporte que les effets strictement nécessaires pour la route.

Programme des connaissances exigées des candidats
à l'Ecole d'administration militaire.

GRAMMAIRE FRANÇAISE.

Les candidats justifient, dans une dictée sur les difficultés de la grammaire, de la connaissance pratique de la langue française.

Une narration française permet d'apprécier leur valeur au point de vue du style et de la rédaction.

On ne saurait trop leur recommander l'application des règles de la syntaxe, l'insuffisance des candidats à cet égard étant une cause rigoureuse d'exclusion.

ARITHMÉTIQUE.

Etude des principes élémentaires de l'arithmétique. — Addition, soustraction et multiplication des nombres entiers.

Division des nombres entiers. — Principes de la divisibilité des nombres. — Caractères de divisibilité par 2, 3, 4, 5, 8 et 9.

Preuve par 9 de la multiplication.

Généralités sur les fractions ordinaires et les nombres fractionnaires.

Addition et soustraction des fractions et des nombres fractionnaires.

Multiplication et division des fractions et des nombres fractionnaires.

Fractions décimales, nombres décimaux, addition, soustraction et multiplication des quantités décimales.

Division des quantités décimales. — Transformation des fractions ordinaires en fractions décimales et réciproquement. — Fractions périodiques.

Système métrique. — Mesures de longueur et de surface.

Mesures de volume, de capacité, poids et monnaies.

Nombres complexes. — Opérations sur les nombres complexes.

Méthode de réduction à l'unité, règles de trois, partages proportionnels, applications.

Règles de mélange et d'alliage. — Applications.

Règles d'intérêt et d'escompte. — Applications.

Extraction de la racine carrée et de la racine cubique des nombres entiers et des nombres décimaux.

Exercices de calcul sur les surfaces, les volumes, les densités et les poids.

Proportions et progressions. — Résolution de la règle de trois par les proportions. — Partages proportionnels.

Notation algébrique. — Règle des signes.

Equations numériques du premier degré à une ou deux inconnues.

GÉOMÉTRIE.

Définitions. — Lignes, angles, angles droits, angles adjacents, angles opposés par le sommet.

Cas d'égalité des triangles. — Propriétés du triangle isocèle. — — Bissectrice. — Propriétés de la perpendiculaire et de l'oblique. — Cas d'égalité des triangles rectangles.

Des droites parallèles. — Parallèles coupées par une sécante.

Somme des angles d'un triangle. — Angles dont les côtés sont parallèles ou perpendiculaires. — Quadrilatères. — Propriétés du parallélogramme.

Problèmes sur la ligne droite.

Circonférence. — Propriétés des cordes égales. — Du rayon perpendiculaire à une corde. — Tangente à la circonférence. — Mesures des arcs et des angles avec le rapporteur.

Lignes proportionnelles. — Triangles semblables.

Mesures des surfaces. — Surfaces du rectangle, du triangle et du trapèze. — Carré de l'hypoténuse.

Polygones réguliers. — Surface du cercle. — Applications.

Equerre d'arpenteur. — Graphomètre. — Notions élémentaires d'arpentage.

Définitions des solides suivants : prisme, parallélipipède, parallélipipède rectangle, pyramide, tronc de prisme, tronc de pyramide, cylindre, cône, tronc de cône, sphère. — Surface et volume de ces corps.

HISTOIRE.

Organisation militaire de la France sous Louis XIV. — Résumé très succinct des guerres faites sous son règne. — Fin de la guerre de Trente ans. — Le grand Condé et Turenne. — Rocroy, Nordlingen, Fribourg, Lens. — Le traité de Westphalie donne à la France : Metz, Toul, Verdun et l'Alsace, moins Strasbourg et Mulhouse. — Continuation de la guerre avec l'Espagne. — Bataille des Dunes, traité des Pyrénées ; le Roussillon et l'Artois sont acquis à la France. — Guerre de Dévolution. — Conquête de la Flandre et de la Franche-Comté. — Traité d'Aix-la-Chapelle. — Guerre de Hollande. — Traité de Nimègue. Ligue d'Augsbourg. — Invasion du Palatinat. — Traité de Ryswick, ses conséquences. — Vauban. — Luxembourg. — Catinat. — Guerre de la succession d'Espagne. — Bataille de Denain. — Traités d'Utrecht, leurs conséquences. — Ministère de Louvois. — Création des Invalides. — Louis XV. — Régence du duc d'Orléans. — Guerre de la succession de Pologne. — Traité de Vienne, réunion de la Lorraine. — Guerre de la succession d'Autriche. — Victoires de Fontenoy et Raucoux, remportées par Maurice de Saxe. — Paix d'Aix-la-Chapelle. — Guerre de Sept ans. — Défaite de Rosbach. — Désastres sur mer. — Le traité de Paris enlève à la France ses

plus belles colonies. — Dupleix, Montcalm, Choiseul. — Partage
de la Pologne. — La Corse est achetée aux Génois.

Louis XVI. — Guerre d'Amérique. — Traité de Versailles. —
Convocation des Etats généraux. — Assemblée constituante. —
Prise de la Bastille, 14 juillet. — Journées des 5 et 6 octobre. —
L'Assemblée remplace les provinces par 83 départements. — Fuite
de Varennes. — Assemblée législative. — Première coalition. —
Manifeste du duc de Brunswick. — Convention nationale. —
Proclamation de la République. — Soulèvement de la Vendée. —
Valmy. — Jemmapes. — Dumouriez. — Carnot. — Pichegru. —
Jourdan. — Bonaparte au siège de Toulon. — Hoche. — Bataille
de Quiberon.

Directoire. — Campagne d'Italie. — Expédition d'Egypte.

Consulat. — Campagne d'Italie. — Montebello. — Marengo. —
Convention d'Alexandrie. — Campagne d'Allemagne. — Hohen-
linden. — Traité de Lunéville. — Institutions militaires du Consulat. — Création de la Légion d'honneur.

Empire. — Coalition. — Campagne de 1805. — Elchingen,
Ulm, Austerlitz. — Traité de Presbourg. — Campagne contre la
Prusse. — Iéna. — Auerstædt. — Blocus continental. — Eylau.
— Friedland. — Paix de Tilsitt. — Guerre d'Espagne. — Campa-
gne de 1809 en Autriche. — Eckmühl, Essling, Wagram. — Traité
de Vienne. — Campagne de 1812 en Russie. — Bataille de la
Moskova. — Incendie de Moscou. — Campagne de 1813. —
Lutzen. — Bautzen. — Dresde. — Désastre de Leipzig. — Cam-
pagne de France en 1814. — Brienne. — Champaubert. —
Montmirail. — Bataille de Paris. — Bataille de Toulouse. —
Abdication de Napoléon. — Premier traité de Paris. — Première
restauration. — Les Cent-Jours. — Ligny. — Waterloo. —
Deuxième traité de Paris. — Frontière française.

Seconde restauration. — Louis XVIII. — Campagne d'Espagne
eu 1823. — Charles X. — Intervention de la France en Grèce. —
Bataille de Navarin. — Expédition d'Algérie. — Prise d'Alger. —
Journées de juillet 1830. — Avènement de Louis-Philippe. —
Siège d'Anvers. — Conquête de l'Algérie. — Siège de Constan-
tine. — Bataille d'Isly gagnée par le maréchal Bugeaud. — Sou-
mission d'Abd-el-Kader. — Fortifications de Paris. — Révolution
du 24 février 1848. — Proclamation de la République. — Intervention romaine.

Empire. — Avènement de Napoléon III. — Guerre de Crimée.
— Prise de Sébastopol. — Traité de Paris. — Guerre d'Italie en
1859. — Magenta et Solférino. — Paix de Villafranca. — Guerre
de Chine. — Combat de Palikao. — Campagne du Mexique. —
Siège de Puebla. — Occupation.

Guerre de la Prusse et de l'Autriche contre le Danemark. —
Bataille de Duppeln. — Paix de Gastein. — Guerre de 1866, entre
la Prusse et l'Autriche. — Bataille de Sadowa, ses conséquences.
— Traité de Prague. — Guerre de 1870-1871. — Wissembourg,

Wœrth, Sarrebruck. — Siège de Metz. — Borny, Rezonville, Saint-Privat. — Combats de Beaumont. — Mouzon. — Bataille de Sedan. — Siège de Paris. — Capitulation de Metz. — Continuation de la guerre sur la Loire, dans le Nord et dans l'Est. — Coulmiers. — Capitulation de Paris. — Armée de l'Est. — Traité de Francfort.

GÉOGRAPHIE.

1º *Géographie physique et politique.*

Etude du globe. — Les cinq parties du monde. — Races.

Asie. — Perse, Inde, Chine, Japon, Russie d'Asie : aspect général du pays, montagnes, cours d'eau, villes principales, productions. — Possessions de la France en Asie.

Afrique. — Egypte, Tripoli, Tunisie, Maroc, le cap de Bonne-Espérance, etc., etc. : aspect général du pays, montagnes, cours d'eau, villes principales, productions. — Possessions de la France en Afrique.

Amérique. — Etats-Unis, Mexique, Venezuela, Equateur, Brésil, Pérou, Chili, République Argentine, etc., etc.: aspect général du pays, montagnes, cours d'eau, villes principales, productions. — Possessions de la France en Amérique.

Océanie. — Australie, Malaisie, Polynésie : aspect général du pays, montagnes, cours d'eau, villes principales, productions. — Possessions de la France en Océanie.

Europe. — Grandes divisions naturelles, principales chaînes de montagnes, principaux fleuves du versant nord, du versant sud; grandes divisions politiques. — Russie, Allemagne, Autriche, Belgique, Suisse, Italie, Espagne : système du gouvernement, aspect général du pays, villes principales, productions et ressources, lignes de chemins de fer et canaux principaux.

France. — Frontière du Nord-Est : places fortes françaises et étrangères.

Frontière des Alpes et du Jura. — Places fortes françaises et étrangères.

Frontière des Pyrénées. — Principaux passages dans les Pyrénées. — Places fortes françaises et étrangères.

Description des côtes :

De la Manche;

. De l'Océan;

De la Méditerranée.

Bassins. — Division en bassins principaux et secondaires, description des bassins du Rhin, de la Meuse, de l'Escaut, du Rhône, de la Garonne, de la Loire, de la Seine; bassins côtiers.

Division de la France en régions de corps d'armée.

Canaux et voies navigables de la France.

Chemins de fer français, réseaux du Nord, de l'Ouest, de l'Est, de Paris-Lyon-Méditerranée, d'Orléans, du Midi, de l'Etat.

2° Géographie commerciale.

Pays de production des céréales, du riz, du maïs, etc.
Pays de culture de la canne à sucre, de la betterave, du café et de la vigne.
Minoteries, sucreries, raffineries françaises.
Principaux bassins houillers, gisements des minerais de fer, de cuivre, d'étain, etc.
Etablissements métallurgiques français.
Pays d'élevage des chevaux, mulets, bœufs et moutons.
Manufactures françaises de draps et de soieries.
Pays de production du coton ; filatures françaises.
Distribution géographique des forêts en France ; principales essences qu'elles renferment.
Chantiers de constructions maritimes français.

ADMINISTRATION.

NOTIONS SOMMAIRES D'ORGANISATION ET DE COMPTABILITÉ DES CORPS.

Composition des corps de troupe.

Effectif, grades et emplois des officiers et des sous-officiers entrant dans la composition des cadres : d'un régiment d'infanterie de ligne, d'un régiment de cavalerie, d'une section de troupes d'administration. — Division en unités administratives des mêmes corps.

Conseils d'administration.

Composition des conseils d'administration centraux et éventuels ; conditions d'existence de ces conseils. — Caisse du corps, caisse du trésorier.

NOTIONS GÉNÉRALES DE L'ADMINISTRATION D'UNE COMPAGNIE, D'UN ESCADRON OU D'UNE BATTERIE.

Comptabilité intérieure des corps.

Définir le rôle d'administrateur et la responsabilité du capitaine commandant l'unité administrative. — Définir les fonctions administratives du sergent-major et du fourrier. — Perception et payement du prêt. — Registre de comptabilité trimestrielle (son objet et sa division). — Habillement (distributions et réintégrations ; pertes et dégradations ; fonds commun et fonds particulier ; demandes d'effets). — Livret matricule, livret individuel.

Solde et revues.

Positions diverses (générales et individuelles) donnant droit à la solde ou entraînant la suppression de ce droit. — Allocations en nature, en station ou en marche. — Perception et payement de la solde. — Feuilles de journées (leur établissement, leur objet et leur destination). — Perception et régularisation des allocations en deniers et en nature.

Ordinaires de la troupe.

But des ordinaires de la troupe. — Organisation (commission des ordinaires et gestion directe). — Ressources et charges. — Bonis.

PARIS. — IMPRIMERIE L. BAUDOIN, RUE CHRISTINE, 2.